L'immobilier, sans contrefaçon

BY MATHIAS CAZAUX

Préface

Chers lecteurs,

C'est avec un immense plaisir que je vous présente "L'immobilier, sans contrefaçon". Dans ce livre, je souhaite partager avec vous mon parcours en tant que conseiller immobilier indépendant, ainsi que les défis et les réussites que j'ai rencontrés au sein du réseau Optimhome. Mon objectif est d'offrir un guide pratique et inspirant à ceux qui envisagent de se lancer dans ce métier passionnant.

L'immobilier est un domaine en constante évolution, où chaque jour apporte son lot de surprises et d'opportunités. Mon expérience m'a appris que, malgré les difficultés, la persévérance et le désir d'apprendre sont les clés du succès. Dans les pages qui suivent, je vous invite à découvrir les étapes cruciales de cette aventure, les compétences essentielles à développer, ainsi que des conseils précieux pour naviguer dans cet univers.

Je tiens à remercier sincèrement tous les lecteurs qui prendront le temps de parcourir cet ouvrage. Votre intérêt pour le secteur immobilier me touche profondément, et j'espère que ce livre saura vous inspirer et vous guider sur le chemin de la réussite.

Mathias Cazaux

Conseiller immobilier indépendant pour le réseau Optimhome

Octobre 2024.

Introduction

Le métier de conseiller immobilier indépendant attire de plus en plus de personnes en France,
notamment grâce aux réseaux de mandataires immobiliers comme Optimhome.
Cependant, il s'agit d'un parcours exigeant, jalonné d'étapes administratives, commerciales
et relationnelles à maîtriser. Ce livre est une exploration détaillée du parcours d'un conseiller
immobilier indépendant, de l'inscription à la Chambre de Commerce jusqu'à la réalisation des premières ventes,
en passant par le développement d'une équipe de filleuls. Nous vous donnerons aussi un
aperçu des réalités du marché immobilier en 2024 et ses perspectives d'avenir.

Chapitre 1 : S'inscrire à la Chambre de Commerce et de l'Industrie

1.1. Pourquoi cette étape est cruciale ?

L'inscription à la Chambre de Commerce et d'Industrie (CCI) est une étape fondamentale pour tout conseiller immobilier indépendant souhaitant exercer en France. En effet, elle permet de formaliser légalement l'activité et de donner un cadre juridique et fiscal indispensable à la facturation des services, la protection juridique et l'obtention d'un numéro SIRET. Ce numéro est essentiel pour opérer en tant qu'entreprise et pour être visible sur les plateformes professionnelles telles que SeLoger ou LeBonCoin.

Évolution du marché des conseillers immobiliers indépendants en France

Depuis une dizaine d'années, le secteur des conseillers immobiliers indépendants a connu une expansion considérable, avec plus de 45 000 mandataires actifs en 2023, contre seulement 15 000 en 2015. Cette forte croissance s'explique notamment par la flexibilité qu'offre le statut d'indépendant, attirant de nombreux professionnels à la recherche de liberté et de rentabilité dans leur activité. De plus, l'apparition des réseaux de mandataires, comme Optimhome, IAD, ou SAFTI, facilite l'accès au métier sans les contraintes d'une agence physique traditionnelle.

Selon une étude récente menée par la Fédération Nationale de l'Immobilier (FNAIM), en 2024, environ 70 % des transactions immobilières réalisées par des indépendants proviennent de mandataires immobiliers, reflétant l'importance croissante de ce modèle.

Les avantages de l'inscription à la CCI

L'inscription auprès de la CCI offre plusieurs avantages majeurs pour les conseillers immobiliers indépendants :

1. Obtenir une reconnaissance légale : L'enregistrement permet d'obtenir un numéro SIRET, un identifiant essentiel pour opérer légalement et obtenir des mandats de vente.

2. Accéder aux aides pour entreprises : Les entrepreneurs inscrits à la CCI peuvent prétendre à des aides spécifiques, telles que les exonérations de charges sociales pour les nouvelles entreprises dans certaines zones (ZRR).

3. Faciliter la relation avec les banques et les institutions : L'inscription officielle et la possession d'un numéro SIRET renforcent la crédibilité auprès des banques pour l'obtention de crédits ou des assurances professionnelles.

Comparaison avec d'autres types d'inscriptions

Voici un tableau comparatif montrant les différences entre une inscription à la CCI et d'autres formes juridiques disponibles pour les conseillers immobiliers :

Type d'inscription	Reconnaissance légale	Obligations fiscales	Protection juridique	Accès aux aides
Inscription à la CCI	Oui (Numéro SIRET)	Régime spécifique selon le statut	Protection complète avec assurance	Oui (selon la zone d'activité)
Travail informel	Non	Aucune	Aucune	Non
Salariat sous un réseau	Oui (Carte T du réseau)	Salarié	Couverture par l'employeur	Oui (via l'entreprise)

Exemple pratique : Inscription à la CCI en 2024

En 2024, le processus d'inscription à la CCI reste simple mais nécessite une bonne préparation. Voici les étapes :

1. Création de compte en ligne : Tout commence sur le site officiel de la CCI, où vous devez créer un espace personnel.

2. Formulaire d'inscription : Le formulaire P0 est rempli pour les micro-entrepreneurs, tandis que le formulaire M0 concerne les entreprises individuelles.

3. Obtention du numéro SIRET : Après validation, vous recevez votre numéro SIRET sous 7 à 10 jours.

4. Souscription aux assurances professionnelles : L'inscription est finalisée par la souscription à une assurance de responsabilité civile professionnelle, une condition obligatoire pour exercer.

1.2. Choisir un statut juridique : micro-entrepreneur ou entreprise individuelle ?

Le choix du statut juridique est une décision cruciale lors du lancement de votre activité de conseiller immobilier indépendant. Il aura un impact direct sur vos obligations fiscales, comptables, et sociales, ainsi que sur la gestion de votre entreprise. En 2024, deux principaux statuts sont privilégiés par les conseillers immobiliers indépendants : le statut de micro-entrepreneur (anciennement auto-entrepreneur) et celui d'entreprise individuelle (EI).

1.2.1. Le statut de micro-entrepreneur : une option simple et accessible

Le statut de micro-entrepreneur continue d'attirer la majorité des nouveaux conseillers immobiliers indépendants en raison de sa simplicité de gestion et de ses avantages fiscaux. En 2024, environ 60 % des conseillers immobiliers indépendants choisissent ce statut pour lancer leur activité.

Avantages :

- Simplicité administrative : La gestion d'une micro-entreprise est particulièrement simple, avec une comptabilité allégée. Les obligations comptables se limitent à la déclaration des recettes et des charges, sans besoin de produire un bilan comptable.

- Cotisations sociales proportionnelles : Vous payez vos cotisations sociales en fonction de votre chiffre d'affaires, avec un taux fixe d'environ 22 %.

- Exonération de TVA : Tant que votre chiffre d'affaires ne dépasse pas 77 700 € par an, vous êtes exonéré de TVA, ce qui vous permet de proposer des tarifs attractifs sans facturer cette taxe.

Limites :

- Plafond de chiffre d'affaires : Si vos revenus dépassent le seuil annuel de 77 700 €, vous êtes obligé de changer de régime fiscal et d'adopter un statut plus contraignant.

- Limites en termes de développement : La micro-entreprise convient bien aux activités en démarrage, mais elle devient rapidement limitante si vous souhaitez embaucher ou réaliser un chiffre d'affaires élevé.

1.2.2. Le statut d'entreprise individuelle (EI) : plus de flexibilité

Le statut d'entreprise individuelle, quant à lui, est souvent adopté par les conseillers immobiliers plus expérimentés ou ceux qui prévoient de dépasser les seuils de la micro-entreprise. Il offre davantage de flexibilité tout en permettant de séparer les patrimoines personnel et professionnel.

Avantages :

- Pas de plafond de chiffre d'affaires : Contrairement au micro-entrepreneur, l'entreprise individuelle ne limite pas vos revenus. Vous pouvez donc développer librement votre activité.

- Déduction des charges : En entreprise individuelle, vous avez la possibilité de déduire vos charges réelles (frais de déplacements, matériel, assurances, etc.) de vos revenus imposables, ce qui peut réduire votre base d'imposition.

- Protection patrimoniale renforcée : Depuis la loi Macron, les biens personnels de l'entrepreneur sont protégés, bien qu'il soit recommandé d'opter pour le statut d'EIRL (Entreprise Individuelle à Responsabilité Limitée) pour une protection complète du patrimoine personnel.

Limites :

- Comptabilité plus stricte : L'EI impose une tenue de comptabilité complète, avec l'obligation de produire un bilan annuel et de respecter des formalités plus lourdes, telles que la déclaration des bénéfices.

- Cotisations sociales élevées : Contrairement au micro-entrepreneur, les cotisations sociales en EI sont calculées sur les bénéfices réalisés, ce qui peut représenter une charge importante.

1.2.3. Comparaison des obligations fiscales et sociales

Voici un tableau comparatif des obligations fiscales et sociales entre ces deux statuts :

Critère	Micro-entrepreneur	Entreprise individuelle (EI)
Plafond de chiffre d'affaires	77 700 €	Pas de limite
Régime fiscal	Forfait simplifié, avec abattement pour frais	Imposition sur le revenu (bénéfices réels)
Cotisations sociales	22 % du chiffre d'affaires	Entre 25 % et 45 % du bénéfice
Obligations comptables	Déclaration des recettes, livre de comptes simplifié	Comptabilité complète, bilan annuel obligatoire
TVA	Franchise en base (exonéré)	TVA applicable (selon seuil)
Protection patrimoniale	Non séparée	Séparation des patrimoines possible avec EIRL

1.2.4. Exemple pratique : passer de micro-entrepreneur à EI

Imaginons un conseiller immobilier qui débute en 2024 en tant que micro-entrepreneur. Son chiffre d'affaires la première année atteint 70 000 €. Avec des charges sociales à 22 %, ses cotisations s'élèvent à 15 400 €, lui laissant un bénéfice net après impôts confortable.

Cependant, au cours de l'année suivante, ses ventes augmentent et son chiffre d'affaires dépasse le plafond de 77 700 €. Il doit alors passer sous le régime de l'entreprise individuelle. Cela signifie qu'il devra désormais tenir une comptabilité complète et gérer la TVA, mais il pourra aussi déduire toutes ses charges professionnelles, optimisant ainsi sa rentabilité.

1.3. Les démarches administratives : étape par étape

Une fois que vous avez choisi votre statut juridique, l'inscription à la Chambre de Commerce et d'Industrie (CCI) devient une étape incontournable. En 2024, cette démarche est majoritairement digitalisée et se fait en ligne via le site officiel de la CCI. Il est essentiel de bien comprendre les différentes étapes et documents à fournir pour éviter tout retard ou refus de validation de votre inscription.

1.3.1. Création de votre espace en ligne

Le processus d'inscription débute par la création d'un compte sur le site officiel de la CCI de votre région. Ce compte personnel servira à suivre votre dossier et à effectuer toutes les démarches en ligne, de la soumission des formulaires à la réception de votre numéro SIRET. Voici les étapes à suivre pour créer votre compte :

1. Rendez-vous sur le site officiel de la CCI France (https://www.cci.fr).

2. Cliquez sur "Créer un compte".

3. Renseignez vos informations personnelles (nom, prénom, adresse mail, etc.) et choisissez un mot de passe.

4. Validez l'inscription via un lien envoyé à votre adresse mail.

Une fois votre compte activé, vous pourrez accéder à l'espace dédié aux formalités de création d'entreprise.

1.3.2. Remplir les formulaires administratifs (P0 ou M0)

Le formulaire à remplir dépend de votre statut juridique. Si vous optez pour le statut de micro-entrepreneur, vous devrez remplir le formulaire P0. Pour les entreprises individuelles (EI), c'est le formulaire M0 qui s'applique.

Ces formulaires demandent des informations telles que :

- Vos informations personnelles : nom, prénom, adresse, date de naissance.

- L'adresse de votre siège social (il peut s'agir de votre domicile).

- Le type d'activité : mandataire immobilier.

- Votre régime fiscal : impôt sur le revenu ou impôt sur les sociétés (pour l'EI).

- Votre option en matière de TVA.

1.3.3. Choisir un nom commercial (facultatif)

Il est possible d'exercer sous votre propre nom ou de choisir un nom commercial pour votre activité. Le choix d'un nom commercial peut améliorer votre visibilité et renforcer votre marque personnelle. Voici quelques conseils pour choisir un nom :

- Il doit être simple à retenir et refléter votre domaine d'activité (ex. : "Mathias Immobilier").

- Assurez-vous qu'il n'est pas déjà utilisé, en consultant le répertoire des entreprises sur le site de l'INPI.

1.3.4. Joindre les pièces justificatives

Lors de l'inscription, vous devrez fournir plusieurs documents, notamment :

- Une copie de votre carte d'identité ou passeport.

- Un justificatif de domicile de moins de trois mois.

- Une déclaration sur l'honneur de non-condamnation (confirmant que vous n'avez pas été condamné pour des délits incompatibles avec l'exercice d'une profession réglementée).

Ces documents peuvent être téléchargés directement sur votre espace en ligne.

1.3.5. Attendre la validation de votre inscription

Une fois que vous avez soumis votre dossier, la CCI examinera votre demande. Le délai de validation peut varier selon les périodes et la région, mais il est généralement compris entre 7 et 10 jours ouvrés. Vous recevrez une notification par mail lorsque votre inscription sera validée.

1.3.6. Réception de votre numéro SIRET

Après validation, vous recevrez votre numéro SIRET, qui est le code d'identification unique de votre entreprise. Ce numéro est indispensable pour :

- Facturer vos services.
- Ouvrir un compte bancaire professionnel.
- Souscrire à une assurance responsabilité civile professionnelle.

Une fois ce numéro en votre possession, vous êtes officiellement reconnu comme conseiller immobilier indépendant.

1.3.7. Souscription à une assurance professionnelle

Pour exercer en toute légalité, vous devez souscrire à une assurance responsabilité civile professionnelle. Cette assurance couvre les éventuels dommages que vous pourriez causer dans le cadre de votre activité de conseiller immobilier. Les coûts varient selon les assureurs, mais une couverture de base coûte en moyenne entre 300 et 500 € par an.

1.4. Le rôle de la carte professionnelle (carte T)

En France, tout professionnel souhaitant exercer une activité de transaction immobilière doit détenir une carte professionnelle, appelée "carte T" (Transaction sur immeubles et fonds de commerce). Cette carte est délivrée par la Chambre de Commerce et d'Industrie (CCI), et elle constitue un élément clé pour être reconnu comme un acteur légitime et respecté du secteur immobilier. La carte T est indispensable pour signer des mandats de vente ou de location avec des clients, et elle confère un cadre légal sécurisé à l'activité de transaction immobilière.

1.4.1. Exigences pour l'obtention de la carte T en 2024

L'obtention de la carte T repose sur plusieurs critères stricts, visant à garantir que le professionnel dispose des compétences nécessaires pour exercer en toute conformité avec la législation française.

Les exigences pour obtenir la carte T en 2024 incluent :

- Diplôme ou expérience professionnelle : Vous devez justifier de l'un des diplômes reconnus dans le domaine immobilier (comme un BTS Professions Immobilières, une licence ou un master en droit immobilier). À défaut de diplôme, une expérience professionnelle d'au moins trois ans en tant que salarié dans une agence immobilière ou sous la supervision d'un agent immobilier est exigée.

- Assurance responsabilité civile professionnelle : Vous devez souscrire une assurance pour couvrir les risques liés à votre activité. Cette assurance protège contre les dommages matériels, corporels ou immatériels causés à des tiers dans le cadre de votre activité de transaction immobilière.

- Garantie financière (facultative pour les mandataires) : Si vous manipulez des fonds pour le compte de vos clients (caution ou dépôt de garantie), il est nécessaire de souscrire à une garantie financière. Toutefois, la majorité des conseillers immobiliers indépendants, notamment les mandataires, n'ont pas besoin de cette garantie, car ils ne détiennent pas les fonds de leurs clients.

Évolution législative en 2024

Depuis 2022, la législation a renforcé les critères d'obtention de la carte T. Par exemple, la validation d'un module spécifique sur la déontologie professionnelle et la lutte contre le blanchiment d'argent est devenue obligatoire pour les candidats à la carte T. Cette évolution vise à assurer une transparence totale dans les transactions immobilières, tout en renforçant la protection des consommateurs.

1.4.2. Le processus d'obtention de la carte T

Le processus pour obtenir la carte T est bien défini et se déroule en plusieurs étapes :

1. Préparation des documents requis : Il est nécessaire de rassembler les justificatifs demandés, incluant les diplômes ou certificats d'expérience, l'attestation d'assurance responsabilité civile professionnelle, et la déclaration de non-condamnation.

2. Soumission de la demande : Vous devez déposer votre dossier auprès de la CCI compétente (celle de votre région). Cela peut se faire directement en ligne via le site de la CCI.

3. Examen du dossier : La CCI vérifie la conformité des documents fournis et procède à un examen approfondi des qualifications du demandeur. Le délai de traitement varie, mais en moyenne, il faut compter entre 1 et 3 mois pour obtenir la carte.

4. Délivrance de la carte T : Une fois votre demande acceptée, vous recevez votre carte T, qui vous autorise à exercer votre activité de manière indépendante.

1.4.3. Statistiques 2024 : Détenteurs de la carte T en France

En 2024, environ 70 % des conseillers immobiliers indépendants exercent sous la carte professionnelle d'un réseau de mandataires, tandis que les 30 % restants détiennent leur propre carte T. Cette répartition montre la popularité croissante des réseaux de mandataires, qui permettent à leurs membres de bénéficier de la carte T sans en assumer directement la gestion administrative.

Voici un graphique illustrant la répartition des conseillers immobiliers en fonction de la détention de la carte T en 2024 :

Type de détenteur	Pourcentage
Sous carte T d'un réseau (ex : Optimhome)	70 %
Détenteur individuel de la carte T	30 %

1.4.4. Validité et renouvellement de la carte T

La carte T a une durée de validité de trois ans, après quoi elle doit être renouvelée. Le renouvellement impose de justifier d'une formation continue de 14 heures par an (soit 42 heures sur trois ans). Ces formations peuvent couvrir des thématiques variées comme la législation immobilière, la gestion des conflits, ou encore la fiscalité immobilière.

En cas de non-respect de ces obligations de formation continue, la CCI peut refuser de renouveler la carte, entraînant la suspension de l'activité de transaction immobilière.

1.4.5. Le rôle de la carte T dans les réseaux de mandataires immobiliers

Dans le cadre d'un réseau de mandataires comme Optimhome, la carte T est détenue par l'entreprise mère, qui délègue son usage à ses mandataires. Cela permet aux conseillers immobiliers indépendants de signer des mandats et d'exercer en toute légalité, sans avoir à obtenir leur propre carte. Ce modèle offre une grande souplesse aux professionnels qui souhaitent se concentrer sur la prospection et la vente sans gérer les formalités administratives liées à la carte T.

1.5. Les obligations légales et fiscales

Devenir conseiller immobilier indépendant implique de se conformer à plusieurs obligations légales et fiscales. Ces obligations varient en fonction du statut juridique choisi et de la nature de votre activité. En tant que micro-entrepreneur ou entreprise individuelle, vous devrez vous soumettre à des règles fiscales précises et à des cotisations sociales spécifiques, ainsi qu'à certaines obligations légales telles que la déclaration de votre chiffre d'affaires ou la souscription à une assurance.

1.5.1. Déclaration du chiffre d'affaires

En tant que conseiller immobilier micro-entrepreneur, vous êtes soumis à l'obligation de déclarer votre chiffre d'affaires de manière mensuelle ou trimestrielle, selon l'option que vous aurez choisie lors de votre inscription. Cette déclaration est simple et se fait en ligne via le site officiel de l'URSSAF. Vous devez déclarer uniquement le chiffre d'affaires encaissé, c'est-à-dire les montants que vous avez effectivement perçus.

Exemple pratique : Déclaration du chiffre d'affaires

Si vous choisissez de déclarer trimestriellement et que vous avez réalisé un chiffre d'affaires de 30 000 € sur le trimestre, vous devrez déclarer ce montant avant la date limite, généralement le 31 du mois suivant la fin du trimestre (par exemple, avant le 31 avril pour le premier trimestre). Votre cotisation sociale sera calculée sur cette base.

1.5.2. Cotisations sociales

Les cotisations sociales représentent une part importante des charges pour un conseiller immobilier. Leur montant dépend du statut choisi.

Micro-entrepreneur

Pour un micro-entrepreneur, les cotisations sociales sont calculées en pourcentage du chiffre d'affaires, avec un taux spécifique pour les activités de prestation de services. En 2024, ce taux s'élève à 22 % du chiffre d'affaires.

> **Exemple de calcul des cotisations sociales (2024)**
>
> Chiffre d'affaires trimestriel : **30 000 €**
>
> Taux de cotisations sociales : **22 %**
>
> **Cotisations sociales** = 30 000 € x 22 % = **6 600 €**

Ainsi, pour un chiffre d'affaires de 30 000 €, le montant de vos cotisations sociales sera de 6 600 €.

Entreprise individuelle (EI)

Pour l'entreprise individuelle, les cotisations sont calculées sur la base du bénéfice (chiffre d'affaires moins les charges déductibles), avec un taux variable pouvant atteindre entre 25 % et 45 %. Contrairement à la micro-entreprise, l'EI permet de déduire les frais professionnels (tels que les frais de déplacement, de bureau, etc.) avant de calculer les cotisations.

1.5.3. Imposition

En fonction de votre statut, vous serez également soumis à des règles d'imposition différentes.

Micro-entrepreneur

En tant que micro-entrepreneur, vous bénéficiez d'un régime fiscal simplifié. Vous avez le choix entre deux options :

- Imposition au régime micro-fiscal : Un abattement forfaitaire est appliqué à votre chiffre d'affaires (34 % pour les activités de prestation de services comme l'immobilier), et vous êtes imposé sur le reste. Si votre chiffre d'affaires annuel est de 40 000 €, l'abattement sera de 13 600 €, et vous serez imposé sur 26 400 €.

- Prélèvement libératoire de l'impôt sur le revenu : Si vous choisissez cette option, vous payez votre impôt en même temps que vos cotisations sociales. Le taux appliqué en 2024 est de 2,2 % du chiffre d'affaires.

Entreprise individuelle (EI)

En entreprise individuelle, vos revenus sont imposés dans la catégorie des bénéfices industriels et commerciaux (BIC), et vous êtes soumis à l'impôt sur le revenu selon votre tranche marginale d'imposition. Vous pouvez déduire toutes les charges réelles de votre chiffre d'affaires pour calculer votre revenu imposable.

1.5.4. TVA : seuils et obligations

En tant que micro-entrepreneur, vous bénéficiez du régime de la franchise en base de TVA tant que votre chiffre d'affaires reste en dessous de 77 700 € par an. Cela signifie que vous ne facturez pas de TVA à vos clients et n'êtes pas tenu de la déclarer. Cependant, si vous dépassez ce seuil, vous devrez vous soumettre au régime de TVA et la facturer à un taux de 20 %.

Exemple de calcul des cotisations sociales pour une EI

Chiffre d'affaires annuel : **100 000 €**

Charges déductibles : **20 000 €**

Bénéfice imposable : **80 000 €**

Taux de cotisations sociales : **30 %**

Cotisations sociales = 80 000 € x 30 % = **24 000 €**

1.5.5. Obligations comptables

Les obligations comptables varient également selon le statut choisi :

- Micro-entrepreneur : Vous devez tenir un livre de recettes indiquant toutes les sommes encaissées, mais vous n'êtes pas obligé de tenir une comptabilité détaillée.

- Entreprise individuelle : Vous devez tenir une comptabilité complète avec un bilan et un compte de résultat annuels. Vous devez également conserver toutes vos factures et justificatifs de dépenses.

1.5.6. Calendrier des déclarations fiscales et sociales

Voici un exemple de calendrier des obligations fiscales et sociales pour un micro-entrepreneur en 2024 :

- Déclaration trimestrielle de chiffre d'affaires : à effectuer avant le 31 du mois suivant la fin du trimestre (ex. : avant le 31 avril pour le premier trimestre).

- Déclaration de revenus : à déposer au plus tard en mai de l'année suivante (2025 pour les revenus de 2024).

- Paiement des cotisations sociales : chaque trimestre ou chaque mois selon votre option choisie.

Exemple de calendrier pour un micro-entrepreneur :

Date limite	Obligation
31 janvier 2024	Déclaration trimestrielle de chiffre d'affaires (Q4 2023)
31 avril 2024	Déclaration trimestrielle de chiffre d'affaires (Q1 2024)
31 juillet 2024	Déclaration trimestrielle de chiffre d'affaires (Q2 2024)
31 octobre 2024	Déclaration trimestrielle de chiffre d'affaires (Q3 2024)
Mai 2025	Déclaration annuelle de revenus (revenus 2024)

1.6. Se former et se préparer pour l'immobilier

Le métier de conseiller immobilier demande un large éventail de compétences, allant de la connaissance des réglementations légales à la maîtrise des outils de communication et de négociation. En 2024, se former en continu est essentiel pour rester compétitif sur un marché immobilier en constante évolution. De nombreuses formations sont accessibles, aussi bien en ligne qu'en présentiel, pour accompagner les nouveaux conseillers comme les plus expérimentés.

1.6.1. Les thématiques de formation essentielles

Avant même de commencer à prospecter des biens ou à signer des mandats, il est crucial de se former aux bases du métier immobilier. Voici les thématiques principales sur lesquelles tout conseiller immobilier doit se former :

Les bases du droit immobilier

Connaître les lois et réglementations qui régissent le marché immobilier est fondamental pour éviter les erreurs et protéger les intérêts de vos clients. En 2024, certaines réformes ont renforcé la réglementation sur la vente et la location de biens, notamment en ce qui concerne les diagnostics immobiliers et la lutte contre les passoires énergétiques. Une bonne compréhension du Code de la Construction et de l'Habitation est indispensable.

- Exemple de formation : Des formations en droit immobilier sont proposées par des organismes comme l'École Supérieure de l'Immobilier (ESI) ou des plateformes en ligne comme LegalPlace.

La fiscalité immobilière

Les aspects fiscaux sont une composante clé des transactions immobilières. Il est important de comprendre comment les plus-values immobilières, les exonérations fiscales, et les dispositifs de défiscalisation (comme le Pinel ou le Denormandie) affectent vos clients. En 2024, les lois de finance ont introduit de nouveaux plafonds pour les réductions d'impôts, modifiant l'attractivité de certains dispositifs de défiscalisation.

- Exemple de formation : Cegos propose des formations spécifiques sur la fiscalité des transactions immobilières.

La relation client et la négociation

Un bon conseiller immobilier doit maîtriser l'art de la négociation et être capable de gérer efficacement la relation avec ses clients. Cela inclut la compréhension des besoins des clients, la gestion des objections et la conclusion de mandats. Des techniques de négociation éprouvées, telles que la **méthode SPIN** (Situation, Problème, Implication, Nécessité), permettent d'améliorer significativement le taux de conversion des prospects en clients.

- Exemple de formation : Des réseaux comme Optimhome ou IAD France proposent des modules spécifiques sur la négociation et la gestion des clients dans le cadre immobilier.

Les outils numériques et le marketing immobilier

Avec l'essor des nouvelles technologies, la maîtrise des outils digitaux est devenue une nécessité. En 2024, les conseillers immobiliers doivent savoir utiliser des logiciels de gestion client (CRM), créer des annonces attractives, utiliser les plateformes de diffusion d'annonces (SeLoger, LeBonCoin), et exploiter les réseaux sociaux pour promouvoir leurs biens.

- Exemple de formation : Des plateformes comme LinkedIn Learning ou Udemy proposent des formations pour apprendre à utiliser les outils de marketing digital et à gérer une stratégie de communication efficace.

1.6.2. Les formations initiales pour devenir conseiller immobilier

Pour les personnes souhaitant débuter dans le secteur, certaines formations diplômantes sont indispensables pour obtenir la carte T et démarrer l'activité. En 2024, les diplômes les plus couramment requis incluent :

- BTS Professions Immobilières : Ce diplôme de niveau Bac +2 est l'un des plus complets pour débuter une carrière dans l'immobilier. Il couvre aussi bien les aspects juridiques, commerciaux, que techniques des transactions immobilières.

- Licence en Droit Immobilier : Une formation plus poussée, souvent privilégiée par ceux qui souhaitent obtenir des responsabilités ou travailler sur des projets complexes, tels que la gestion de patrimoine immobilier.

Ces diplômes peuvent être obtenus dans des établissements tels que :

- ESPI (École Supérieure des Professions Immobilières), qui propose un BTS PI ainsi qu'un Master en immobilier.

- Université Paris-Dauphine, pour les cursus en droit immobilier.

1.6.3. Formations continues et spécialisations

Même après avoir débuté, il est essentiel de continuer à se former pour rester à jour sur les évolutions du marché et les nouvelles techniques. Les conseillers immobiliers ayant plus d'expérience choisissent souvent de se spécialiser dans des domaines spécifiques :

- L'immobilier de luxe : Un marché en plein essor, notamment à Paris, sur la Côte d'Azur, et dans les grandes villes comme Lyon. Cette spécialisation nécessite une formation sur les attentes spécifiques de la clientèle haut de gamme.

- L'immobilier commercial : Ce secteur demande une connaissance approfondie des baux commerciaux et des stratégies d'investissement propres aux entreprises.

Les réseaux de mandataires comme Optimhome proposent régulièrement des formations continues à leurs conseillers pour qu'ils puissent se spécialiser dans ces domaines.

1.6.4. Impact des formations sur les revenus des conseillers immobiliers

Les études montrent que la formation a un impact direct sur les revenus des conseillers immobiliers. Selon une enquête menée par le CNAM (Conservatoire National des Arts et Métiers) en 2023, les conseillers ayant suivi des formations continues génèrent en moyenne 25 % de chiffre d'affaires supplémentaire par rapport à ceux qui ne se forment pas régulièrement. En effet, les compétences acquises permettent de mieux répondre aux attentes des clients, d'optimiser les ventes et d'accroître la satisfaction client.

Statistiques sur l'impact des formations (2023)

Type de conseiller	Chiffre d'affaires annuel moyen
Sans formation continue	45 000 €
Avec formation continue régulière	56 250 €

1.6.5. Plateformes de formation en ligne

En 2024, les conseillers immobiliers peuvent accéder à une variété de plateformes pour suivre des formations en ligne. Voici quelques exemples :

- LinkedIn Learning : Des modules sur la communication, la négociation et l'utilisation des outils numériques.

- LegalPlace : Spécialisée dans les formations juridiques en immobilier.

- Udemy : Propose des formations abordables sur le marketing digital et la création de contenus pour l'immobilier..

Chapitre 2 : Rejoindre un réseau de mandataires immobiliers

2.1. Qu'est-ce qu'un réseau de mandataires immobiliers ?

Un réseau de mandataires immobiliers est un ensemble de professionnels indépendants qui exercent leur activité de conseillers immobiliers en bénéficiant du soutien, des outils, et de la structure d'une entreprise centralisée. Contrairement à un agent immobilier traditionnel qui travaille dans une agence physique, un mandataire travaille de manière décentralisée, souvent depuis chez lui, tout en restant relié à un réseau immobilier.

Les mandataires ont accès à un ensemble d'avantages fournis par le réseau : des outils technologiques (CRM, logiciels de gestion), des formations, un accompagnement juridique, des accords avec des portails d'annonces immobilières et, surtout, la notoriété de la marque du réseau. Ce modèle permet aux conseillers immobiliers de se concentrer sur leur cœur de métier : la prospection, la prise de mandats et la vente de biens.

Des réseaux comme Optimhome, IAD, SAFTI, ou encore Capifrance sont des exemples bien connus dans le paysage immobilier français. Le modèle des réseaux de mandataires a connu une croissance rapide au cours des dix dernières années, en raison de la flexibilité et de la rentabilité qu'il offre aux conseillers indépendants.

2.2. Les avantages de rejoindre un réseau

Rejoindre un réseau de mandataires immobiliers comporte de nombreux avantages, surtout pour les nouveaux arrivants dans le secteur de l'immobilier qui cherchent un cadre structuré sans les contraintes d'une agence physique.

2.2.1. L'autonomie

En tant que mandataire, vous êtes totalement autonome. Vous pouvez organiser votre emploi du temps comme bon vous semble, définir vos propres objectifs et travailler à votre rythme. Vous n'êtes pas limité par des horaires fixes d'agence ou des contraintes géographiques. Ce modèle est particulièrement adapté à ceux qui recherchent une plus grande flexibilité dans leur vie professionnelle.

2.2.2. L'accompagnement et la formation

Un des grands atouts des réseaux de mandataires est l'accompagnement qu'ils proposent à leurs membres. Dès votre intégration, vous bénéficiez souvent d'un programme de formation complet pour vous familiariser avec le métier. Ces formations couvrent des sujets variés tels que :

- Les bases du droit immobilier

- La prospection commerciale

- La négociation et la conclusion de mandats

- La fiscalité immobilière et les différents régimes de défiscalisation

Des formations continues sont également proposées pour se tenir à jour des évolutions du secteur immobilier (nouvelles lois, pratiques commerciales, technologies, etc.).

2.2.3. Les outils professionnels

Un des aspects les plus importants du réseau est l'accès à des outils professionnels qui simplifient la gestion quotidienne de votre activité. En général, ces outils comprennent :

- Un CRM (Customer Relationship Management) : Un logiciel pour gérer et suivre vos clients potentiels, vos mandats et vos transactions.

- Des outils de diffusion d'annonces immobilières : La plupart des réseaux disposent d'accords avec les principaux portails d'annonces immobilières (SeLoger, LeBonCoin, etc.) permettant à leurs mandataires de diffuser largement leurs biens.

- Des logiciels de gestion de mandat et de transaction : Ils vous permettent de suivre les démarches administratives, du mandat jusqu'à la signature définitive.

- Des supports marketing : Le réseau vous fournit également des supports de communication (cartes de visite, plaquettes commerciales, affiches, etc.) que vous pouvez personnaliser avec vos informations.

2.2.4. La notoriété de la marque

Un autre avantage de rejoindre un réseau est la notoriété de la marque. Travailler sous une enseigne connue renforce votre crédibilité auprès des vendeurs et acheteurs. Les réseaux de mandataires bien établis ont une présence forte sur le marché, ce qui inspire confiance aux clients. En plus de la marque, vous bénéficiez souvent des campagnes publicitaires nationales que le réseau peut organiser, augmentant votre visibilité à grande échelle.

2.2.5. Un modèle économique attractif

Les réseaux de mandataires offrent souvent un modèle économique attractif. Vous travaillez à la commission, et la répartition des honoraires est souvent plus favorable qu'en agence classique. Typiquement, la répartition des commissions dans un réseau de mandataires peut varier de 70 % pour le mandataire et 30 % pour le réseau, voire jusqu'à 95 % des commissions reversées au mandataire dans certains cas.

Chaque réseau a son propre modèle de rémunération, avec des paliers en fonction des performances du conseiller. Il est donc important de bien comparer les différentes offres des réseaux avant de se lancer.

2.3. Comment choisir le bon réseau de mandataires ?

Il existe plusieurs dizaines de réseaux de mandataires immobiliers en France, chacun avec ses spécificités. Choisir le bon réseau est une étape cruciale pour le succès de votre activité. Voici les critères à prendre en compte pour faire le bon choix.

2.3.1. La formation initiale et continue

Si vous êtes débutant dans l'immobilier, il est primordial de choisir un réseau qui offre une formation initiale de qualité. Cette formation doit couvrir non seulement les aspects techniques de l'immobilier, mais aussi les aspects commerciaux et relationnels. Assurez-vous que le réseau propose également des formations continues pour vous maintenir à jour dans vos compétences.

2.3.2. La structure de rémunération

Chaque réseau de mandataires a son propre modèle de répartition des commissions. Certains réseaux vous reversent une grande part des commissions (jusqu'à 90 %), mais en contrepartie, les outils et services proposés sont souvent limités. D'autres réseaux offrent une répartition des commissions plus modeste, mais avec un accompagnement plus poussé (marketing, juridique, etc.).

Comparez donc les offres en fonction de vos priorités : souhaitez-vous maximiser vos revenus immédiats ou préférez-vous un soutien plus important pour démarrer votre activité ?

2.3.3. Les outils à disposition

Vérifiez quels outils sont mis à disposition par le réseau. Certains réseaux proposent des CRM très performants, une large diffusion des annonces sur les portails immobiliers, ou encore des outils de visite virtuelle et de gestion des diagnostics techniques. Assurez-vous que les outils proposés correspondent à vos besoins et que vous serez en mesure de les utiliser efficacement pour booster votre productivité.

2.3.4. L'accompagnement et la disponibilité des équipes

Même si vous êtes indépendant, l'accompagnement est crucial, surtout au début de votre carrière. Renseignez-vous sur la disponibilité des équipes de support au sein du réseau : avez-vous accès à un coach, à une hotline juridique, à un support technique ? Certains réseaux offrent également un mentorat personnalisé pour accompagner leurs mandataires dans leurs premières transactions.

2.3.5. La culture du réseau

Chaque réseau a sa propre culture d'entreprise. Certains sont très orientés sur l'entraide et la collaboration entre les mandataires, tandis que d'autres prônent une plus grande autonomie. Participez à des événements du réseau ou échangez avec des mandataires existants pour évaluer si la culture du réseau correspond à vos valeurs.

2.4. Les étapes pour intégrer un réseau de mandataires

Une fois que vous avez sélectionné le réseau qui vous convient, il ne vous reste plus qu'à franchir les étapes pour devenir mandataire immobilier.

2.4.1. La candidature

La première étape consiste à déposer votre candidature auprès du réseau. Cela passe généralement par un formulaire en ligne où vous devez renseigner vos coordonnées, votre expérience dans l'immobilier (si vous en avez), et vos motivations.

Dans certains réseaux, il peut y avoir une sélection basée sur des entretiens ou des évaluations. Les réseaux recherchent souvent des profils motivés, autonomes, et ayant un bon sens relationnel.

2.4.2. La formation initiale

Une fois accepté dans le réseau, vous serez généralement invité à suivre une formation initiale. Cette formation est cruciale pour vous familiariser avec le métier de mandataire, mais aussi pour vous former à l'utilisation des outils du réseau (CRM, diffusion d'annonces, etc.).

Certaines formations sont en présentiel, mais de plus en plus de réseaux proposent des formations à distance (e-learning) pour plus de flexibilité.

2.4.3. Le démarrage de votre activité

Après la formation, vous êtes prêt à démarrer votre activité en tant que mandataire. Vous devrez rapidement entrer dans le vif du sujet en prospectant des biens à vendre, en prenant vos premiers mandats, et en gérant vos premiers clients. Les réseaux proposent souvent un accompagnement pour vous aider dans ces premières étapes, que ce soit via un mentorat ou une hotline dédiée.

2.5. Témoignages de mandataires : leurs parcours et réussites

Dans cette section, nous pourrions inclure des témoignages concrets de mandataires immobiliers ayant rejoint un réseau comme Optimhome ou IAD. Ces témoignages permettraient de montrer les différents parcours possibles, les défis rencontrés, et les clés de leur succès.

Chapitre 3 : La prospection et la prise de mandat

3.1. Comprendre l'importance de la prospection

La prospection est le cœur du métier de conseiller immobilier. Sans prospection, il est impossible de constituer un portefeuille de biens à vendre ou à louer, et donc de générer des revenus. En tant que mandataire immobilier, votre succès dépend de votre capacité à dénicher des biens sur le marché et à convaincre les propriétaires de vous confier la vente de leur bien.

La prospection est une étape incontournable qui demande rigueur, méthode et persévérance. C'est un exercice qui peut parfois être décourageant, surtout au début, mais qui devient plus simple avec l'expérience. Les mandataires les plus performants sont ceux qui parviennent à construire un réseau solide et à maintenir une activité de prospection régulière.

3.2. Les différentes techniques de prospection

Il existe de nombreuses façons de prospecter dans l'immobilier, et chaque conseiller immobilier doit adapter ses techniques à son marché local et à son style personnel. Voici les méthodes de prospection les plus courantes et les plus efficaces.

3.2.1. La prospection terrain (porte-à-porte)

La prospection sur le terrain reste une méthode très efficace, surtout dans les zones résidentielles. Le porte-à-porte permet d'établir un contact direct avec les propriétaires et de créer une relation de proximité. Voici quelques conseils pour réussir votre prospection terrain :

- Choisir le bon moment : Évitez les heures de repas ou les moments où les gens sont susceptibles d'être absents (comme en semaine entre 9h et 17h). Le week-end ou en début de soirée sont souvent des moments plus propices.

- Préparer un discours accrocheur : Votre discours doit être court, direct et percutant. Expliquez en quelques phrases qui vous êtes, ce que vous faites et pourquoi vous pouvez être utile au propriétaire.

- Distribuer des flyers : Si les propriétaires ne sont pas chez eux, laissez un flyer ou une carte de visite dans leur boîte aux lettres. Le flyer doit contenir vos coordonnées et un message clair sur vos services.

3.2.2. La prospection téléphonique (phoning)

Le phoning est une autre technique très efficace, surtout dans un contexte où le temps est compté. La prospection téléphonique consiste à contacter directement des propriétaires de biens immobiliers pour leur proposer vos services. Voici comment réussir cette méthode :

- Constituer une base de données : Avant de commencer, il vous faut une liste de contacts. Vous pouvez l'obtenir par des services de petites annonces, des plateformes en ligne ou des bases de données achetées.

- Préparer un script téléphonique : Le script doit être concis et orienté vers l'écoute du client. Votre objectif est d'identifier ses besoins et de lui proposer une solution adaptée. Il est important de maîtriser les réponses aux objections courantes.

- Être persévérant : La prospection téléphonique peut être frustrante, car vous essuierez de nombreux refus. Cependant, la persévérance est la clé. Le succès de cette méthode réside dans la régularité des appels.

3.2.3. Les petites annonces (papier et en ligne)

Les petites annonces sont une excellente source de biens à prospecter, notamment pour les mandataires immobiliers. En scrutant les annonces de particuliers qui souhaitent vendre ou louer leur bien sans passer par une agence, vous pouvez entrer en contact avec eux et leur proposer vos services.

- Annonces en ligne : Les plateformes comme LeBonCoin, PAP, et SeLoger sont des mines d'or pour identifier des biens à prospecter. Contactez les vendeurs pour leur proposer un accompagnement professionnel dans la vente de leur bien.

- Annonces papier : Les journaux locaux et régionaux publient encore des petites annonces, notamment dans les zones rurales ou pour des biens atypiques. Scrutez ces annonces et contactez les propriétaires pour leur offrir vos services.

3.2.4. Le réseautage local

Le réseautage local est un excellent moyen de développer votre réseau de prospects. Participer à des événements locaux (foires, marchés, réunions de quartier) vous permet de rencontrer des propriétaires et d'autres professionnels de l'immobilier. Voici quelques idées pour développer votre réseau :

- S'inscrire à des associations de quartier : Les associations de quartier regroupent souvent des propriétaires et des résidents intéressés par les questions immobilières. Participer à ces événements vous permet de vous faire connaître et d'être identifié comme un expert local.

- Collaborer avec d'autres professionnels : Établissez des partenariats avec des artisans, des notaires, des diagnostiqueurs, ou des courtiers. Ces professionnels peuvent vous recommander à leurs clients en cas de besoin.

3.3. La prise de mandat : une étape clé

Une fois que vous avez identifié un prospect, l'objectif est de signer un mandat de vente avec lui. Le mandat est le contrat qui officialise la relation entre le mandataire et le vendeur, et qui définit les conditions de la vente (durée, prix, commission, etc.).

3.3.1. Les différents types de mandats

Il existe plusieurs types de mandats de vente en immobilier, chacun ayant ses spécificités et ses avantages.

- Le mandat simple : C'est le type de mandat le plus courant. Avec un mandat simple, le vendeur peut confier la vente de son bien à plusieurs mandataires ou agences, et il conserve la possibilité de vendre lui-même son bien sans passer par un intermédiaire.
  - Avantage : Le vendeur garde le contrôle et maximise ses chances de vendre rapidement.
  - Inconvénient : Le mandataire a moins de chances de conclure la vente, car il est en concurrence avec d'autres professionnels et avec le vendeur lui-même.

- Le mandat exclusif : Avec un mandat exclusif, le vendeur confie la vente de son bien à un seul mandataire ou à une seule agence pendant une période déterminée. Pendant cette période, le vendeur ne peut pas vendre son bien par ses propres moyens ni confier la vente à un autre professionnel.
  - Avantage : Le mandataire a l'exclusivité, ce qui lui permet d'investir davantage dans la promotion du bien et d'optimiser ses chances de conclure la vente.
  - Inconvénient : Le vendeur peut être frustré s'il estime que la vente prend trop de temps, car il ne peut pas solliciter d'autres professionnels pendant la durée du mandat.

- Le mandat semi-exclusif : Ce type de mandat combine des éléments des mandats simples et exclusifs. Le bien est confié à un seul mandataire, mais le vendeur conserve la possibilité de vendre par lui-même.

  - Avantage : Le vendeur bénéficie de l'accompagnement d'un professionnel tout en gardant une certaine flexibilité.

  - Inconvénient : Comme pour le mandat simple, le mandataire risque de ne pas conclure la vente si le vendeur trouve un acheteur par ses propres moyens.

3.4. Comment convaincre un propriétaire de signer un mandat exclusif

Le mandat exclusif est souvent le plus avantageux pour le mandataire, car il garantit un engagement total de la part du vendeur. Cependant, de nombreux propriétaires hésitent à signer un mandat exclusif, par peur de perdre le contrôle sur la vente de leur bien. Voici quelques arguments pour les convaincre :

- Un engagement total du mandataire : En signant un mandat exclusif, vous vous engagez à mettre tous les moyens en œuvre pour vendre le bien dans les meilleures conditions. Expliquez au propriétaire que vous investirez plus de temps et d'énergie dans la vente d'un bien exclusif, car vous avez l'assurance d'être rémunéré en cas de succès.

- Une meilleure valorisation du bien : Le mandat exclusif permet de mieux valoriser le bien sur le marché. Comme il n'est pas diffusé par plusieurs intermédiaires, il gagne en exclusivité et attire davantage les acheteurs potentiels.

- Un accompagnement personnalisé : En tant que mandataire exclusif, vous pouvez offrir un service sur-mesure au propriétaire, avec des visites ciblées, une promotion adaptée, et un suivi régulier de l'évolution du marché.

3.5. Éviter les erreurs fréquentes lors de la prospection et de la prise de mandat

La prospection et la prise de mandat sont des étapes délicates où de nombreuses erreurs peuvent être commises. Voici quelques erreurs à éviter pour maximiser vos chances de succès :

- Manquer de préparation : Avant de contacter un prospect, assurez-vous de bien connaître le marché local et le bien en question. Un manque de préparation peut donner une mauvaise impression et vous faire perdre une opportunité.

- Être trop insistant : La prospection est un exercice délicat. Si vous êtes trop insistant ou agressif dans votre approche, vous risquez de braquer le prospect et de perdre sa confiance.

- Négliger le suivi : La prospection ne s'arrête pas au premier contact. Il est essentiel de maintenir un suivi régulier avec les prospects, même s'ils ne sont pas prêts à vendre immédiatement. Un bon suivi peut faire la différence lorsque le moment de vendre arrivera.

3.6. Les outils pour optimiser votre prospection

La technologie peut grandement faciliter la prospection et la prise de mandat. De nombreux réseaux de mandataires immobiliers mettent à disposition des outils performants pour vous aider dans votre travail quotidien. Parmi ces outils, on trouve :

- Le CRM (Customer Relationship Management) : Ce logiciel vous permet de centraliser toutes les informations sur vos prospects et vos clients, de suivre l'évolution des contacts, des mandats et des transactions. Il facilite également la gestion des tâches quotidiennes et des rappels.

- Les outils de diffusion d'annonces : Certains réseaux proposent des solutions de diffusion massive d'annonces sur les portails immobiliers. Cela vous permet de maximiser la visibilité des biens que vous commercialisez et d'attirer plus rapidement des acheteurs potentiels.

- Les visites virtuelles et la modélisation 3D : Ces technologies permettent aux prospects de visiter un bien à distance, sans avoir à se déplacer. Elles sont particulièrement utiles pour attirer des acheteurs qui ne peuvent pas se déplacer facilement, ou pour présenter des biens dans les meilleures conditions.

- Les outils de suivi des performances : Ils vous permettent de suivre vos indicateurs clés (nombre de prospects contactés, nombre de mandats signés, temps de vente, etc.) et d'ajuster votre stratégie en conséquence.

Chapitre 4 : La gestion d'une transaction immobilière jusqu'à la signature chez le notaire

4.1. La gestion administrative d'une transaction immobilière

Une fois que vous avez signé un mandat avec un vendeur, commence le processus de gestion de la transaction. La gestion administrative d'une transaction immobilière est une étape cruciale, car elle garantit la sécurité juridique de la vente et la satisfaction de toutes les parties impliquées (vendeur et acquéreur).

4.1.1. L'estimation du bien

La première étape consiste à réaliser une estimation juste et réaliste du bien, en prenant en compte l'état du marché, l'emplacement, la surface, et les spécificités du bien. Une estimation trop élevée risque de décourager les acheteurs potentiels, tandis qu'une estimation trop basse fera perdre de l'argent au vendeur.

Pour effectuer une bonne estimation, vous devez :

- Analyser les prix des biens similaires vendus récemment dans la zone.

- Évaluer les points forts et les points faibles du bien.

- Prendre en compte les tendances du marché local.

Une bonne estimation renforcera votre crédibilité auprès du vendeur et augmentera les chances de vendre rapidement le bien.

4.2. La mise en valeur du bien : home staging et photographie professionnelle

La mise en valeur du bien est une étape essentielle pour attirer les acheteurs. Plus le bien est présenté de manière attractive, plus il aura de chances de se vendre rapidement et à un bon prix.

4.2.1. Le home staging

Le home staging consiste à mettre en scène un bien immobilier pour le rendre plus attrayant aux yeux des acheteurs potentiels. Cela peut inclure :

- Désencombrer : Éliminer les objets personnels et alléger la décoration pour que les acheteurs puissent se projeter.

- Réparer : Corriger les petits défauts (fissures, fuites, etc.) pour améliorer l'aspect général du bien.

- Repeindre : Utiliser des couleurs neutres pour plaire au plus grand nombre d'acheteurs.

- Aménager les espaces : Présenter chaque pièce de manière fonctionnelle pour que l'acheteur puisse comprendre son usage potentiel.

4.2.2. La photographie professionnelle

Les premières impressions comptent, et aujourd'hui, elles passent par des photos de qualité. Faire appel à un photographe professionnel pour présenter le bien sous son meilleur jour est un investissement rentable. Des photos lumineuses, bien cadrées et retouchées peuvent faire la différence dans la décision d'un acheteur.

4.3. L'organisation des visites et la gestion des offres d'achat

Après avoir mis en valeur le bien, vous organisez les visites. Chaque visite doit être préparée avec soin, en fournissant aux potentiels acheteurs toutes les informations nécessaires (plan du bien, diagnostics techniques, etc.).

Pendant les visites, il est important de :

- Mettre en avant les points forts : Mettez en lumière les atouts du bien (emplacement, luminosité, état général).

- Être à l'écoute des besoins des visiteurs : Chaque acheteur a des critères spécifiques. Essayez de comprendre leurs attentes pour leur montrer en quoi le bien peut correspondre.

- Gérer les objections avec calme : Si un visiteur exprime des doutes ou des objections, répondez de manière professionnelle et rassurante.

Une fois les visites effectuées, vous allez potentiellement recevoir plusieurs offres d'achat. Vous devrez alors conseiller le vendeur sur l'offre la plus avantageuse, en prenant en compte non seulement le prix proposé, mais aussi les conditions de financement de l'acheteur et les délais souhaités.

4.4. La signature du compromis de vente

Une fois qu'une offre est acceptée, vient la phase du compromis de vente. Il s'agit d'un contrat préliminaire qui engage les deux parties à conclure la vente à des conditions précises.

Le compromis de vente est généralement signé en présence d'un notaire ou d'un avocat, mais il peut aussi être signé en agence immobilière. Il précise :

- Le prix de vente.

- Les conditions suspensives (obtention du prêt par l'acheteur, par exemple).

- La date de signature de l'acte définitif.

- Les diagnostics techniques obligatoires.

Le compromis de vente marque le début de la période dite de « réalisation des conditions suspensives », pendant laquelle l'acheteur doit obtenir son financement et finaliser toutes les démarches administratives.

4.5. L'accompagnement jusqu'à la signature chez le notaire

En tant que mandataire, votre rôle ne s'arrête pas à la signature du compromis. Vous devez accompagner le vendeur et l'acheteur jusqu'à la signature de l'acte définitif chez le notaire, ce qui inclut :

- L'aide à l'obtention du financement : Conseiller l'acheteur sur les solutions de financement et l'orienter vers des courtiers ou des établissements bancaires.

- Le suivi des diagnostics techniques : S'assurer que tous les diagnostics obligatoires (amiante, plomb, performance énergétique, etc.) sont réalisés.

- La préparation des documents pour le notaire : Vérifier que tous les documents requis pour la vente sont fournis (titre de propriété, documents relatifs à la copropriété, etc.).

- La coordination entre les parties : Vous jouez le rôle d'intermédiaire entre le vendeur, l'acheteur et le notaire pour que tout se déroule sans accroc.

4.6. La signature de l'acte définitif

Le jour de la signature de l'acte définitif est un moment clé, tant pour le vendeur que pour l'acheteur. En tant que mandataire, vous êtes présent pour vous assurer que la transaction se déroule dans les meilleures conditions.

Lors de la signature chez le notaire, l'acheteur verse le solde du prix de vente et devient officiellement propriétaire du bien. Le notaire remet les clés à l'acheteur et verse les fonds au vendeur, après avoir prélevé les frais de notaire et les honoraires de l'agence.

4.7. Le suivi post-vente

Le travail du mandataire ne s'arrête pas à la signature de l'acte de vente. Il est important de maintenir une relation de qualité avec vos clients, car un client satisfait peut vous recommander à son entourage ou faire appel à vous pour de futures transactions.

Ce chapitre décrit en détail toutes les étapes nécessaires pour gérer efficacement une transaction immobilière, de la prise de mandat à la signature chez le notaire. Il montre l'importance de l'accompagnement, de la transparence et de la rigueur tout au long du processus.

Chapitre 5 : La publicité et la communication marketing pour vendre un bien immobilier

5.1. L'importance de la communication dans la vente immobilière

La communication est un pilier essentiel pour réussir à vendre un bien immobilier. Un bien mal promu a de fortes chances de rester longtemps sur le marché, tandis qu'une communication efficace attire rapidement des acheteurs potentiels. En tant que mandataire immobilier, il est de votre responsabilité de mettre en place une stratégie marketing efficace pour garantir la visibilité et l'attractivité du bien.

5.2. Choisir les canaux de communication adaptés

Dans le cadre de la vente immobilière, plusieurs canaux de communication sont à votre disposition. L'objectif est de combiner ces différents outils pour maximiser la visibilité du bien tout en ciblant le bon public. Voici les canaux les plus utilisés :

5.2.1. Les portails d'annonces immobilières

Les portails d'annonces immobilières en ligne (SeLoger, LeBonCoin, Logic-Immo, etc.) sont des incontournables dans la stratégie de communication. Ils permettent de toucher une audience large et diversifiée. Pour réussir sur ces plateformes :

- Rédigez une annonce précise et attractive : Décrivez le bien en détail, en insistant sur ses points forts (surface, emplacement, travaux récents, etc.).

- Utilisez des photos de qualité : Comme mentionné dans le chapitre précédent, des photos professionnelles sont essentielles pour attirer l'attention des acheteurs.

- Mettez en avant les atouts du quartier : Proximité des commerces, des écoles, des transports en commun, etc.

5.2.2. Les réseaux sociaux

Les réseaux sociaux (Facebook, Instagram, LinkedIn, etc.) sont devenus des outils incontournables pour la promotion immobilière. En tant que mandataire, vous pouvez utiliser ces plateformes pour promouvoir vos biens et toucher une audience locale ou spécialisée.

- Facebook et Instagram : Ces réseaux permettent de partager des photos, des vidéos et des stories. Vous pouvez aussi utiliser la publicité ciblée pour atteindre des acheteurs potentiels dans une zone géographique précise.

- LinkedIn : Ce réseau est particulièrement utile pour toucher une clientèle professionnelle ou des investisseurs. Vous pouvez y publier des articles sur le marché immobilier, des annonces ou des informations sur des biens à fort potentiel.

5.2.3. Le site web personnel

Avoir un site web personnel, ou utiliser celui proposé par votre réseau de mandataires, vous permet de centraliser toutes vos annonces et de créer un espace professionnel. Un site bien conçu avec une navigation fluide renforce votre crédibilité auprès des prospects. Assurez-vous qu'il soit mis à jour régulièrement et qu'il comporte :

- Vos annonces actuelles.

- Des informations sur vous et votre parcours.

- Des témoignages clients.

- Un blog pour partager des conseils immobiliers et des analyses du marché local.

5.3. Rédiger une annonce percutante

Une annonce immobilière bien rédigée est essentielle pour capter l'attention des acheteurs. Voici quelques règles à suivre pour rédiger des annonces efficaces :

- Titre accrocheur : Le titre doit résumer l'essentiel du bien tout en suscitant l'intérêt (par exemple : "Charmante maison familiale avec jardin à deux pas des écoles").

- Description détaillée et précise : La description doit être informative, en mettant en avant les caractéristiques du bien (nombre de pièces, surface, état général, etc.), tout en créant une ambiance qui permet à l'acheteur de se projeter.

- Mots-clés pertinents : Utilisez des mots-clés recherchés par les acheteurs pour améliorer la visibilité de l'annonce dans les moteurs de recherche.

- Call-to-action : Encouragez les prospects à vous contacter pour plus d'informations ou pour organiser une visite.

5.4. Utiliser la publicité payante : quand et comment ?

Les campagnes publicitaires payantes peuvent booster la visibilité d'un bien sur le marché. Cependant, il est important de savoir quand et comment utiliser ces options pour optimiser votre budget marketing.

5.4.1. Les campagnes Google Ads

Google Ads permet de cibler des mots-clés spécifiques pour attirer des acheteurs potentiels qui recherchent des biens immobiliers. Vous pouvez définir une zone géographique précise pour cibler uniquement les personnes intéressées par votre secteur.

5.4.2. Les publicités sur les réseaux sociaux

Sur Facebook et Instagram, vous pouvez créer des annonces sponsorisées pour promouvoir vos biens auprès d'un public défini en fonction de critères géographiques, démographiques, et d'intérêts spécifiques. Ces plateformes offrent une grande flexibilité et vous permettent d'ajuster votre budget en temps réel.

5.4.3. Les campagnes locales (flyers, panneaux)

Bien que le numérique soit omniprésent, les méthodes traditionnelles de publicité locale restent efficaces, notamment dans les petites villes ou les zones rurales. Distribuer des flyers ou installer des panneaux « À vendre » dans les zones clés peut attirer l'attention des habitants du quartier et des passants.

5.5. Gérer son budget marketing

L'un des aspects les plus importants de la communication immobilière est de savoir gérer son budget marketing. En tant que mandataire indépendant, vous devez investir judicieusement pour maximiser le retour sur investissement.

Voici quelques conseils pour optimiser votre budget marketing :

- Priorisez les canaux les plus efficaces : Si vous avez un budget limité, concentrez-vous sur les portails d'annonces et les réseaux sociaux, qui offrent un bon rapport coût/efficacité.

- Testez différentes approches : Lancez des campagnes pilotes sur plusieurs plateformes et mesurez les résultats pour voir lesquelles génèrent le plus de leads.

- Réévaluez régulièrement : Surveillez les performances de vos campagnes marketing et ajustez votre budget en fonction des résultats obtenus.

5.6. Créer des vidéos promotionnelles

La vidéo est un outil de plus en plus prisé dans la promotion immobilière. Elle permet aux acheteurs de visiter virtuellement un bien, de se projeter plus facilement et de se faire une idée précise de l'espace et de l'agencement.

5.6.1. Vidéos de visite virtuelle

Une visite virtuelle complète du bien est un excellent moyen de donner un aperçu réaliste. Cela permet aux acheteurs d'explorer chaque pièce comme s'ils étaient sur place, ce qui est particulièrement utile pour les clients qui ne peuvent pas se déplacer rapidement.

5.6.2. Vidéos de présentation avec un narrateur

Une autre approche consiste à réaliser une vidéo où vous présentez le bien en tant que conseiller immobilier. Vous pouvez expliquer les avantages du bien tout en montrant des plans rapprochés des pièces, de la vue, ou encore des commodités environnantes.

5.7. Suivi et relance des prospects

Le suivi des prospects est essentiel pour conclure une vente. Voici quelques conseils pour assurer un suivi efficace :

- Utiliser un CRM : Un logiciel CRM vous aide à organiser et suivre vos interactions avec chaque prospect. Il permet de programmer des rappels, d'envoyer des emails automatiques et de garder une trace des échanges.

- Envoyer des relances par email ou téléphone : Si un prospect a montré de l'intérêt pour un bien mais n'a pas donné suite, n'hésitez pas à relancer. Parfois, un simple rappel peut faire la différence.

- Personnaliser les relances : Adaptez votre message en fonction des besoins et des attentes du prospect. Si vous avez remarqué qu'un client est intéressé par un certain type de bien, proposez-lui des alternatives similaires.

5.8. L'importance des avis clients et du bouche-à-oreille

Les avis clients jouent un rôle important dans la crédibilité d'un conseiller immobilier. Encouragez vos clients satisfaits à laisser des témoignages sur Google, votre site web ou les réseaux sociaux. Un avis positif peut rassurer des acheteurs potentiels et renforcer votre réputation.

Le bouche-à-oreille est aussi un excellent levier pour attirer de nouveaux clients. Un vendeur ou un acheteur satisfait n'hésitera pas à vous recommander à son entourage, ce qui peut générer des leads de qualité.

Ce chapitre montre l'importance d'une stratégie marketing bien pensée pour attirer des acheteurs potentiels et conclure des ventes rapidement. Utiliser les bons canaux de communication et savoir comment promouvoir efficacement un bien sont des compétences essentielles pour réussir en tant que mandataire immobilier.

Chapitre 6 : Le recrutement de nouveaux filleuls dans son équipe

6.1. Le rôle du recrutement dans un réseau de mandataires immobiliers

Dans les réseaux de mandataires immobiliers comme Optimhome, le recrutement est une partie essentielle du développement personnel et professionnel d'un conseiller immobilier. Non seulement cela permet d'élargir le réseau, mais c'est aussi un moyen pour le mandataire de créer une équipe, de partager son savoir-faire et de bénéficier de commissions supplémentaires grâce à l'effet de levier.

Recruter de nouveaux filleuls, c'est non seulement attirer des talents, mais aussi les former et les accompagner pour qu'ils réussissent dans leur activité. Ce modèle de parrainage est un pilier des réseaux de mandataires, car il permet une croissance à la fois individuelle et collective.

6.2. Pourquoi recruter des filleuls ?

Recruter des filleuls présente plusieurs avantages pour un mandataire immobilier :

- Le développement de son réseau : En recrutant des conseillers, vous participez à l'expansion du réseau auquel vous appartenez, ce qui renforce sa présence sur le marché et sa visibilité.

- L'effet de levier financier : En tant que parrain, vous touchez une commission sur les ventes de vos filleuls. Ce système d'intéressement permet d'augmenter vos revenus sans avoir à réaliser toutes les transactions vous-même.

- La transmission de compétences : Recruter des filleuls permet de partager vos connaissances et votre expérience avec des personnes débutantes ou souhaitant se reconvertir dans l'immobilier. Cela renforce votre rôle de mentor.

- La création d'une équipe performante : En formant une équipe soudée et performante, vous devenez un acteur clé de votre réseau. Vous bénéficiez également d'un soutien mutuel pour les échanges d'informations, la gestion de clients communs ou encore l'organisation d'événements.

6.3. Qui recruter ? Le profil idéal

Le recrutement doit se faire de manière réfléchie pour s'assurer que les personnes que vous intégrez à votre équipe ont le potentiel de réussir dans le secteur immobilier. Voici quelques critères pour identifier un profil de candidat intéressant :

- L'expérience professionnelle : Même si l'immobilier ne requiert pas forcément une formation initiale spécifique, avoir une expérience dans la vente, la négociation ou la gestion de projets est un plus.

- La motivation et l'envie d'entreprendre : Le métier de mandataire immobilier demande beaucoup d'autonomie et une forte capacité de travail. Recherchez des personnes motivées, prêtes à s'investir pleinement dans ce métier exigeant.

- Les qualités relationnelles : L'immobilier est avant tout un métier de relations humaines. Un bon mandataire doit être à l'écoute, empathique, et capable de s'adapter aux besoins de ses clients. Ces qualités sont essentielles pour réussir.

- L'envie de se former : Le marché immobilier évolue sans cesse, et il est important que vos filleuls soient prêts à se former en continu pour rester compétitifs et à jour sur les nouvelles législations et techniques de vente.

6.4. Les stratégies de recrutement

Pour recruter efficacement des filleuls, vous devez adopter une stratégie proactive et ciblée. Voici plusieurs méthodes pour attirer de nouveaux talents :

6.4.1. Le réseautage

Le réseautage est un excellent moyen de rencontrer des personnes intéressées par une carrière dans l'immobilier. Participer à des événements professionnels, à des salons de l'emploi ou à des réunions d'entrepreneurs locaux peut vous permettre de nouer des contacts intéressants.

6.4.2. Les réseaux sociaux

Les réseaux sociaux professionnels comme LinkedIn sont de formidables plateformes pour recruter. En publiant régulièrement des contenus sur votre activité et les opportunités offertes par votre réseau, vous attirez des candidats potentiels. N'hésitez pas à diffuser des annonces pour faire savoir que vous recherchez de nouveaux filleuls.

6.4.3. Les campagnes publicitaires ciblées

Vous pouvez également investir dans des campagnes publicitaires sur Facebook ou Google Ads pour cibler des personnes susceptibles de vouloir se reconvertir dans l'immobilier ou démarrer une nouvelle carrière. Ces plateformes permettent de segmenter précisément les audiences en fonction de leur localisation, de leurs centres d'intérêt et de leur parcours professionnel.

6.4.4. Le bouche-à-oreille

Le bouche-à-oreille reste une méthode efficace pour recruter. Vos clients satisfaits peuvent recommander des personnes de leur entourage qui pourraient être intéressées par le métier de mandataire immobilier. De plus, vos filleuls actuels peuvent également vous aider à trouver de nouveaux talents.

6.5. Le processus de sélection

Une fois que vous avez des candidats intéressés, il est important de mettre en place un processus de sélection rigoureux. Voici les étapes principales :

6.5.1. L'entretien individuel

L'entretien est une étape cruciale pour évaluer la motivation du candidat et sa compréhension du métier. Profitez de cet entretien pour poser des questions sur ses objectifs professionnels, ses motivations personnelles, et sa vision du métier d'agent immobilier indépendant.

6.5.2. L'évaluation des compétences

Même si le candidat n'a pas d'expérience spécifique dans l'immobilier, évaluez ses compétences en matière de vente, de négociation, de gestion du temps, et sa capacité à travailler de manière autonome. Vous pouvez aussi lui poser des questions sur des situations concrètes pour voir comment il réagit.

6.5.3. La présentation du métier

Expliquez clairement au candidat les réalités du métier de mandataire immobilier : la flexibilité, mais aussi les défis et l'autonomie requise. Il est important que le futur filleul sache exactement dans quoi il s'engage.

6.6. Accompagnement et formation des nouveaux filleuls

Une fois le recrutement effectué, l'accompagnement et la formation des nouveaux filleuls sont essentiels pour qu'ils puissent réussir dans leur nouvelle activité.

6.6.1. La formation initiale

Dès l'arrivée d'un nouveau filleul, il est important de lui fournir une formation initiale complète. Cela peut inclure des modules sur :

- La législation immobilière.

- Les techniques de vente.

- La gestion des mandats.

- L'utilisation des outils du réseau (CRM, portails d'annonces, etc.).

Certaines formations sont souvent proposées par les réseaux de mandataires eux-mêmes, mais en tant que parrain, il est important d'apporter un suivi personnalisé.

6.6.2. Le mentorat

Le mentorat est un aspect clé de la réussite d'un filleul. En tant que parrain, vous devez être disponible pour répondre à ses questions, le conseiller dans ses premiers mandats et l'aider à surmonter les défis qu'il pourrait rencontrer. Vous pouvez également l'accompagner sur le terrain lors de ses premières visites ou prises de mandat.

6.7. Suivi et développement de l'équipe

Une fois l'équipe de filleuls constituée, il est important de continuer à suivre leur évolution et à les aider à progresser. Un bon suivi régulier permet d'assurer leur motivation et leur succès sur le long terme.

6.7.1. Organiser des réunions régulières

Organisez des réunions périodiques pour faire le point sur les performances de chacun, échanger des idées et des bonnes pratiques, et motiver l'équipe. Ces moments d'échange permettent de renforcer la cohésion et de créer un sentiment d'appartenance au réseau.

6.7.2. Mettre en place des objectifs collectifs

Fixer des objectifs communs peut aider à motiver votre équipe et à donner une direction claire à votre développement. Vous pouvez, par exemple, définir un nombre de mandats à obtenir collectivement sur un trimestre ou organiser des challenges internes pour récompenser les meilleurs performeurs.

6.7.3. Encourager l'entraide

L'esprit d'équipe est un levier de motivation important. Encouragez vos filleuls à s'entraider, à partager leurs connaissances et à collaborer sur certains projets. Cela peut passer par l'organisation d'ateliers ou de formations internes, où chaque membre de l'équipe peut apporter son expertise.

Ce chapitre met en avant l'importance du recrutement dans la carrière d'un mandataire immobilier. Il montre également que l'accompagnement et la formation des filleuls sont des éléments déterminants pour leur succès et, par conséquent, pour la croissance de l'équipe.

Chapitre 7 : Le marché immobilier en 2024 en France et projections jusqu'à 2040

7.1. Le marché immobilier en 2024 : état des lieux

Le marché immobilier français en 2024 présente des dynamiques contrastées, influencées par plusieurs facteurs économiques, sociaux, et environnementaux. Après une période de turbulences marquées par la pandémie et une inflation significative, le marché est aujourd'hui dans une phase de réajustement.

7.1.1. Les taux d'intérêt et le crédit immobilier

En 2024, les taux d'intérêt des prêts immobiliers sont encore relativement élevés comparés à ceux d'avant 2020, ce qui freine l'accès à la propriété pour de nombreux ménages. Toutefois, les banques assouplissent légèrement leurs critères de prêt afin de répondre à la demande toujours présente, notamment dans les grandes villes.

7.1.2. L'inflation des prix de l'immobilier

Les prix de l'immobilier ont connu une hausse continue ces dernières années, mais 2024 montre une certaine stabilisation. Les grandes métropoles comme Paris, Lyon, Bordeaux, et Nantes continuent d'afficher des prix élevés, mais on observe une légère correction, particulièrement dans les marchés surchauffés. En revanche, les zones rurales et certaines villes de taille moyenne connaissent une attractivité croissante, notamment due au télétravail et à la recherche d'une meilleure qualité de vie.

7.1.3. L'influence des nouvelles réglementations énergétiques

Les politiques environnementales prennent une place centrale dans le secteur immobilier. Le diagnostic de performance énergétique (DPE) joue un rôle déterminant dans la valorisation ou la dévalorisation des biens immobiliers. Les logements énergivores, notamment les passoires thermiques, subissent des décotes importantes, tandis que les biens rénovés énergétiquement voient leur attractivité renforcée.

7.1.4. La demande locative en hausse

Avec l'augmentation des prix et la difficulté d'obtenir des crédits, de nombreux Français se tournent vers la location. Les grandes villes universitaires et les zones touristiques continuent d'avoir une forte demande locative. Les investisseurs immobiliers privilégient donc les petites surfaces dans ces secteurs.

7.2. Les facteurs influençant le marché à moyen terme (2025-2030)

Le marché immobilier dans les cinq à dix prochaines années sera influencé par plusieurs tendances structurelles :

7.2.1. La transformation numérique du secteur immobilier

L'introduction croissante des technologies numériques modifie la façon dont se réalise une transaction immobilière. Les plateformes en ligne, la visite virtuelle, l'intelligence artificielle pour estimer les prix et analyser les tendances de marché sont devenues incontournables. Cette évolution facilitera encore davantage les transactions, mais imposera aux professionnels de l'immobilier de s'adapter et de maîtriser ces outils.

7.2.2. La raréfaction des biens dans les grandes villes

Les centres-villes des grandes métropoles françaises, déjà sous pression, verront une raréfaction encore plus importante des biens disponibles. Cela résulte à la fois d'une limitation des terrains constructibles et de la réhabilitation de bâtiments pour répondre aux nouvelles normes environnementales. Cette pénurie va pousser les prix à la hausse dans ces zones, tout en encourageant l'étalement urbain vers les périphéries.

7.2.3. Le vieillissement de la population

Le vieillissement démographique aura un impact direct sur le marché immobilier. Les retraités cherchent de plus en plus à vendre leurs grandes maisons familiales pour acquérir des logements plus adaptés, notamment dans des résidences seniors ou des petites habitations. Cela pourrait libérer une partie de l'offre sur le marché, particulièrement dans les zones rurales.

7.3. Les grandes tendances à long terme (2030-2040)

À l'horizon 2040, plusieurs scénarios sont envisagés pour l'évolution du marché immobilier français. Voici les principales projections :

7.3.1. La montée en puissance de l'immobilier écologique

Avec la transition énergétique qui s'accélère, les logements écologiques deviendront la norme. Les constructions neuves viseront à être neutres en carbone, tandis que les rénovations se multiplieront pour améliorer les performances énergétiques des biens existants. Cela impliquera une valorisation des bâtiments écologiques et une dépréciation plus forte des logements non conformes aux standards environnementaux.

7.3.2. L'évolution des modes de vie et de travail

Le télétravail, largement adopté pendant la pandémie, est une tendance qui se pérennise. Les zones périurbaines et rurales continueront d'attirer des actifs cherchant un meilleur cadre de vie, tout en travaillant à distance. Cette transformation impactera les choix des acheteurs, qui privilégieront les logements spacieux et bien desservis par les infrastructures numériques (fibre optique, etc.).

7.3.3. La robotisation et l'intelligence artificielle dans l'immobilier

La robotisation des processus de construction et l'intégration de l'intelligence artificielle dans la gestion des biens immobiliers (maintenance prédictive, gestion locative automatisée) transformeront profondément le secteur. Les transactions immobilières pourraient être encore plus fluides, avec des systèmes automatisés pour estimer les prix, proposer des biens et gérer la relation client.

7.3.4. La crise du logement dans les grandes métropoles

Malgré l'évolution des modes de vie, la pénurie de logements dans les grandes métropoles françaises persistera, voire s'aggravera d'ici 2040. Cette situation pourrait contraindre les gouvernements à mettre en place des politiques drastiques pour limiter la spéculation immobilière, réguler les loyers et encourager la construction de logements sociaux.

7.4. Les opportunités pour les mandataires immobiliers d'ici 2040

Dans ce contexte de mutation rapide du marché, les mandataires immobiliers ont de nombreuses opportunités à saisir pour prospérer :

7.4.1. La spécialisation dans l'immobilier vert

Devenir expert en immobilier écologique sera un atout majeur. Les conseillers immobiliers spécialisés dans la vente et la rénovation de biens écologiques bénéficieront d'une forte demande. Ils pourront accompagner leurs clients dans l'obtention des certifications (HQE, BBC, etc.) et dans les démarches liées aux aides à la rénovation énergétique.

7.4.2. Le développement des services numériques

Les mandataires qui maîtrisent les nouvelles technologies (CRM, visites virtuelles, estimations automatisées, etc.) et qui proposent des services numériques innovants seront les mieux placés pour réussir. Cette maîtrise des outils permettra également d'améliorer l'expérience client et d'accélérer les transactions.

7.4.3. L'adaptation aux nouveaux besoins des seniors

Le vieillissement de la population va créer une demande accrue pour des logements adaptés aux personnes âgées. Les mandataires immobiliers auront un rôle clé à jouer dans la vente de biens accessibles et adaptés, mais aussi dans le conseil pour les seniors cherchant à se reconvertir vers des résidences plus petites ou des établissements spécialisés.

7.4.4. Le rôle de l'anticipation des évolutions législatives

Les professionnels de l'immobilier devront constamment s'informer des nouvelles lois et régulations impactant le secteur. Les évolutions en matière de fiscalité, de normes énergétiques ou de règles de construction seront déterminantes pour conseiller au mieux les clients. Ceux qui sauront anticiper ces changements seront perçus comme des experts et gagneront la confiance de leurs clients.

7.5. Les défis à venir

Si le marché immobilier en France présente de nombreuses opportunités, il n'est pas sans défis :

- L'accès au financement : Avec des taux d'intérêt qui pourraient rester élevés à moyen terme, l'accès au crédit immobilier sera plus difficile, limitant ainsi une partie de la demande.

- Les contraintes environnementales : Les normes écologiques de plus en plus strictes obligeront de nombreux propriétaires à réaliser des travaux coûteux. Les mandataires devront être capables d'accompagner ces propriétaires dans les démarches administratives et financières.

- La concurrence accrue : Le nombre de mandataires immobiliers ne cesse de croître, et la concurrence sera de plus en plus rude. Se démarquer par une expertise spécifique ou des services de qualité sera indispensable.

Ce chapitre montre que, malgré les incertitudes et les défis, le marché immobilier français offre de nombreuses opportunités pour les mandataires immobiliers, surtout ceux qui sauront s'adapter aux évolutions technologiques et environnementales.

Chapitre 8 : Conseils et astuces pour réussir en tant que mandataire immobilier

8.1. Construire une solide réputation

La réputation est un atout majeur dans le métier de mandataire immobilier. Voici quelques conseils pour bâtir et maintenir une image positive :

- Soyez transparent : La transparence est essentielle dans la relation client. Communiquez clairement sur vos méthodes, vos honoraires et les étapes du processus immobilier.

- Demandez des avis clients : Incitez vos clients satisfaits à laisser des avis en ligne. Une bonne réputation sur des plateformes comme Google My Business ou les réseaux sociaux peut grandement influencer votre crédibilité.

- Participez à des événements locaux : Impliquez-vous dans votre communauté locale. Être présent à des événements, des salons ou des forums renforce votre visibilité et votre crédibilité.

8.2. Maîtriser son réseau

Le réseau est un élément clé pour un mandataire immobilier. Voici comment le développer efficacement :

- Établissez des partenariats : Collaborez avec d'autres professionnels, comme des notaires, des avocats, des artisans et des courtiers en prêts immobiliers. Ces partenariats peuvent vous aider à obtenir des recommandations et à élargir votre réseau.

- Utilisez les réseaux sociaux : Engagez-vous sur des plateformes professionnelles pour partager vos réussites, des conseils, et vos actualités. Cela contribue à accroître votre visibilité et à attirer de nouveaux clients.

- Rejoignez des groupes locaux : Intégrez des groupes d'entrepreneurs ou d'agents immobiliers pour échanger des expériences, des conseils et des contacts.

8.3. Développer ses compétences

Le secteur de l'immobilier évolue rapidement, il est donc crucial de rester informé et de se former :

- Formations continues : Suivez des formations régulières sur les évolutions juridiques, techniques de vente, et nouvelles technologies. Cela vous permettra d'être à jour et d'offrir un service de qualité.

- Lisez des ouvrages spécialisés : De nombreux livres et ressources en ligne traitent des stratégies immobilières, du marketing et des tendances du marché. Cela vous aidera à diversifier vos connaissances et à affiner votre approche.

- Écoutez des podcasts ou assistez à des webinaires : Ces formats sont souvent accessibles et permettent de s'informer tout en s'occupant d'autres tâches.

8.4. Être proactif dans la prospection

La prospection est au cœur du métier de mandataire immobilier. Voici quelques stratégies efficaces :

- Établissez un plan de prospection : Organisez votre temps pour inclure des moments dédiés à la prospection. Créez une liste de contacts et suivez vos échanges.

- Utilisez les réseaux sociaux pour prospecter : Les plateformes comme Facebook, LinkedIn et Instagram peuvent être des outils puissants pour attirer de nouveaux clients. Publiez des contenus engageants pour capter l'attention.

- Relancez vos anciens clients : Un ancien client peut devenir un client potentiel pour une nouvelle transaction ou une recommandation. Prenez le temps de les recontacter régulièrement.

8.5. Offrir un service client exceptionnel

Un service client de qualité est indispensable pour fidéliser vos clients et obtenir des recommandations :

- Écoutez vos clients : Prenez le temps de comprendre leurs besoins et leurs attentes. Cela renforce la confiance et vous aide à proposer des solutions adaptées.

- Restez disponible : Montrez-vous accessible pour répondre à leurs questions et préoccupations. Un client bien accompagné est un client satisfait.

- Personnalisez votre approche : Chaque client est unique. Adaptez votre communication et vos services en fonction de leurs spécificités.

Chapitre 9 : Avantages et inconvénients du métier de mandataire immobilier

9.1. Les avantages

9.1.1. Flexibilité et autonomie

L'un des principaux atouts du métier de mandataire immobilier est la flexibilité qu'il offre. Vous pouvez gérer votre emploi du temps et choisir vos horaires de travail, ce qui vous permet de concilier vie professionnelle et vie personnelle.

9.1.2. Potentiel de revenus élevés

Les mandataires immobiliers bénéficient d'un potentiel de revenus significatif. Les commissions sur les ventes peuvent être très lucratives, surtout si vous parvenez à établir un bon réseau et à fidéliser vos clients.

9.1.3. Variété des missions

Chaque jour est différent dans le métier de mandataire immobilier. Vous rencontrerez divers clients, découvrirez des biens uniques et serez amené à résoudre des problématiques variées. Cette diversité rend le travail enrichissant et stimulant.

9.1.4. Opportunités de développement personnel

En tant que mandataire, vous aurez l'occasion de développer de nombreuses compétences, qu'elles soient techniques (négociation, vente) ou personnelles (communication, écoute). Ces compétences sont précieuses et peuvent être transférées à d'autres domaines de votre vie.

9.2. Les inconvénients

9.2.1. L'instabilité des revenus

Les revenus d'un mandataire immobilier peuvent varier considérablement d'un mois à l'autre. Les fluctuations du marché immobilier, les délais de vente et les commissions peuvent rendre la situation financière parfois imprévisible.

9.2.2. La pression constante

Le métier est soumis à une forte pression. Atteindre ses objectifs de vente, gérer des clients exigeants, et faire face à la concurrence peut être stressant, surtout pour ceux qui sont débutants dans le métier.

9.2.3. La nécessité de s'investir

Le succès dans ce métier exige un investissement personnel important. Vous devrez consacrer du temps à la prospection, à la formation, et à la gestion de votre réseau. Cela peut être un défi, surtout pour ceux qui jonglent avec d'autres engagements.

9.2.4. L'auto-discipline requise

En tant que travailleur indépendant, il est crucial de rester motivé et discipliné. Sans la structure d'un emploi traditionnel, certains peuvent avoir du mal à gérer leur temps efficacement et à respecter leurs objectifs.

Conclusion

Le métier de mandataire immobilier, bien que présentant des défis, offre également de nombreuses opportunités pour ceux qui souhaitent s'investir et se former. Grâce à la flexibilité, au potentiel de revenus élevés et à la variété des missions, ce parcours peut être extrêmement gratifiant. En appliquant les conseils et stratégies évoqués dans ce livre, les futurs mandataires immobiliers pourront non seulement réussir leur intégration, mais également se construire une carrière solide et épanouissante.

Remerciements

Je souhaite exprimer ma gratitude à toutes les personnes qui ont contribué à l'élaboration de ce livre. Un grand merci à ma famille et à mes amis pour leur soutien indéfectible tout au long de mon parcours. Je remercie également mes collègues et mentors au sein d'Optimhome, dont les conseils avisés et l'expérience partagée ont été des sources d'inspiration inestimables.

Merci à vous tous pour votre confiance et votre soutien.

MATHIAS CAZAUX .

Résumé du livre : "L'immobilier, sans contrefaçon"

Dans "L'immobilier, sans contrefaçon", le lecteur découvre le parcours complet d'un conseiller immobilier indépendant en France, de l'inscription à la chambre de commerce jusqu'à la réussite de ses premières ventes. À travers des chapitres détaillés, le livre explore chaque étape cruciale : le processus administratif, la gestion des relations clients, le marketing, et le recrutement de nouveaux filleuls.

Le livre présente également une analyse approfondie du marché immobilier français en 2024, les projections jusqu'en 2040, ainsi que des conseils pratiques pour réussir en tant que mandataire. Les avantages et inconvénients du métier sont clairement exposés, permettant au lecteur de peser le pour et le contre.

En offrant des astuces pour construire une réputation solide, maîtriser son réseau, et offrir un service client exceptionnel, cet ouvrage est un guide indispensable pour toute personne souhaitant se lancer ou se perfectionner dans le secteur immobilier. Grâce à ses analyses précises et ses recommandations pertinentes, "L'immobilier, sans contrefaçon" s'impose comme une référence pour les conseillers immobiliers d'aujourd'hui et de demain.

Mathias Cazaux. 2024.

www.ingramcontent.com/pod-product-compliance
Lightning Source LLC
Chambersburg PA
CBHW040235220526
45473CB00001B/253